ARE YOU MY HOME?
¿ERES MI HOGAR?

Written by
Chanel Nelson

Formatted by
Michael Nelson

Illustrated by
AJ Nelson

For Publishing Information, contact Journal Joy at Info@thejournaljoy.com.
www.thejournaljoy.com

Hardcover ISBN: 978-1-957751-96-2
Ebook ISBN: 978-1-957751-97-9
Editor: Nicole Gyimah

First print edition, 2025

Michael, Mason & Camille
I truly believe God hand-selected each of you for me.
I love you, and I look forward to many adventures with you.

Home is where our family is.

Once upon a time, there was a little girl who did not have a home. She did not know where she belonged, so she set off on a journey to find it.

Había una vez, una niña que no tenía hogar. Ella no sabía a dónde pertenecía, así que emprendió un viaje para encontrarlo.

"Are you my home?" she asked a street vendor in Japan as she savored a sweet crepe.

"¿Eres mi hogar?" preguntó a un vendedor ambulante en Japón mientras saboreaba una crepa dulce.

"No, I'm sorry. I'm only a street vendor," replied the man.

"No, lo siento. Sólo soy un vendedor ambulante," respondió el hombre.

Next, she ventured to an animal sanctuary in Australia. "Are you my home?" she asked the kangaroos and koalas.

Luego, se aventuró a un santuario de animales en Australia. "¿Son mi hogar?" les preguntó a los canguros y a los koalas.

"No, we're sorry. We're only animals," they replied.

"No, lo sentimos. Sólo somos animales," respondieron.

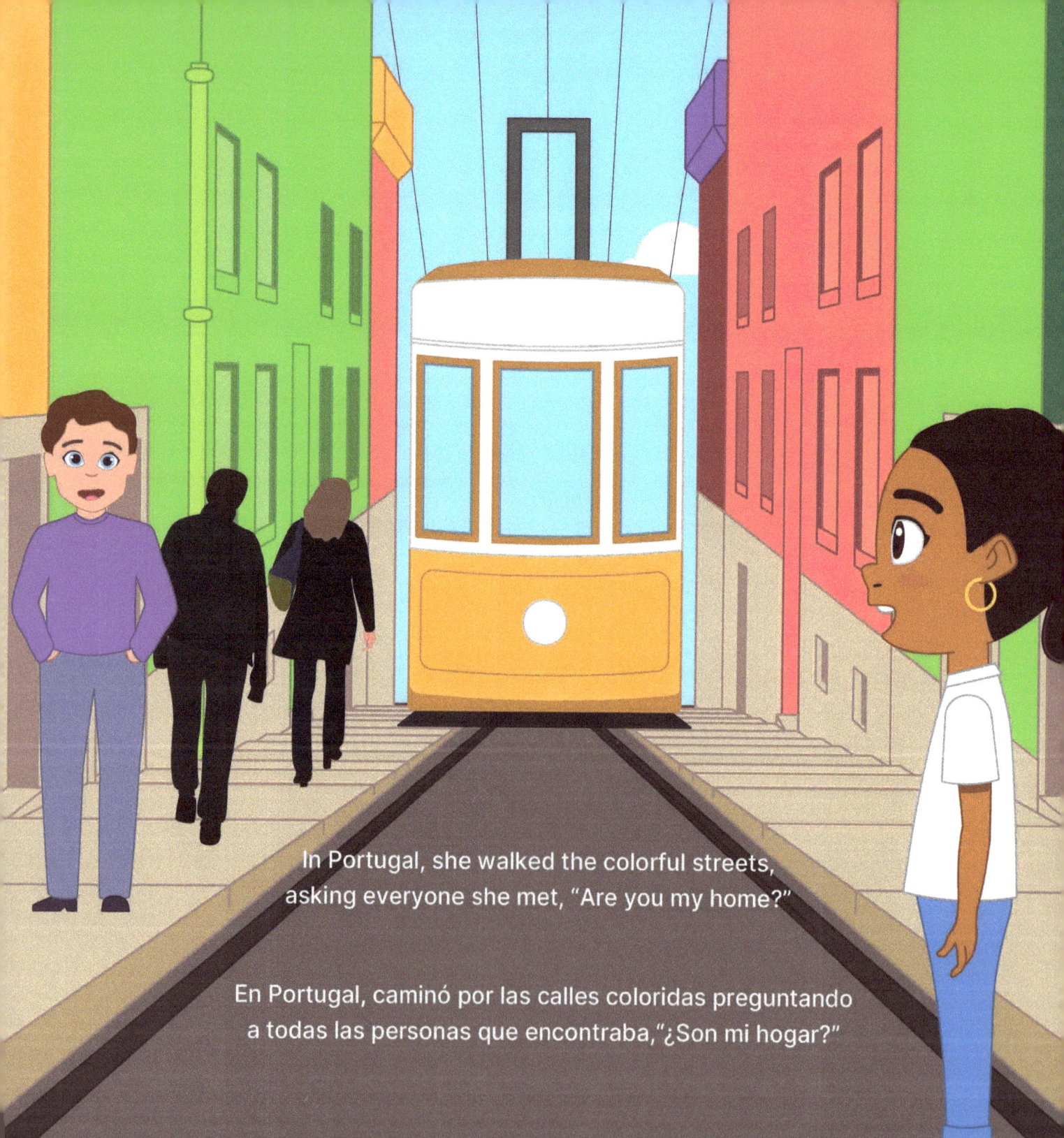

In Portugal, she walked the colorful streets, asking everyone she met, "Are you my home?"

En Portugal, caminó por las calles coloridas preguntando a todas las personas que encontraba,"¿Son mi hogar?"

"No, we're sorry, we're people enjoying our city," they replied.

"No, lo sentimos. Somos personas disfrutando de nuestra ciudad," respondieron.

In the Yucatán, she marveled at the beauty of the
Indigenous Culture. "Are you my home?" she asked the elders.

En Yucatán, se maravilló ante la belleza de la cultura indígena.
"¿Son mi hogar?", preguntó ella a los ancianos.

"No, we're sorry. We're guardians of our traditions," they replied.

"No, lo sentimos. Somos los guardianes de nuestras tradiciones," respondieron.

Feeling lost and alone, the little girl returned to the United States. As she walked through the streets of her hometown, she asked each person she met, "Are you my home?"

Sintiéndose perdida y sola, la niña regresó a Estados Unidos. Mientras caminaba por las calles de su ciudad natal, le preguntó a cada persona que encontró, "¿Eres mi hogar?"

"No, I'm sorry, I'm just a neighbor," replied one.

"No, lo siento, solo soy un vecino", respondió una persona.

"No, I'm sorry, I'm just a friend," replied another.

"No, lo siento, solo soy un amigo", respondió otra persona.

But then, she saw a group of children playing together, laughing and sharing stories.

She hesitated for a moment before asking, "Are you my home?"

Pero entonces, vio a un grupo de niños jugando juntos, riendo y compartiendo historias.

Ella dudó por un momento antes de preguntar, "¿Son mi hogar?".

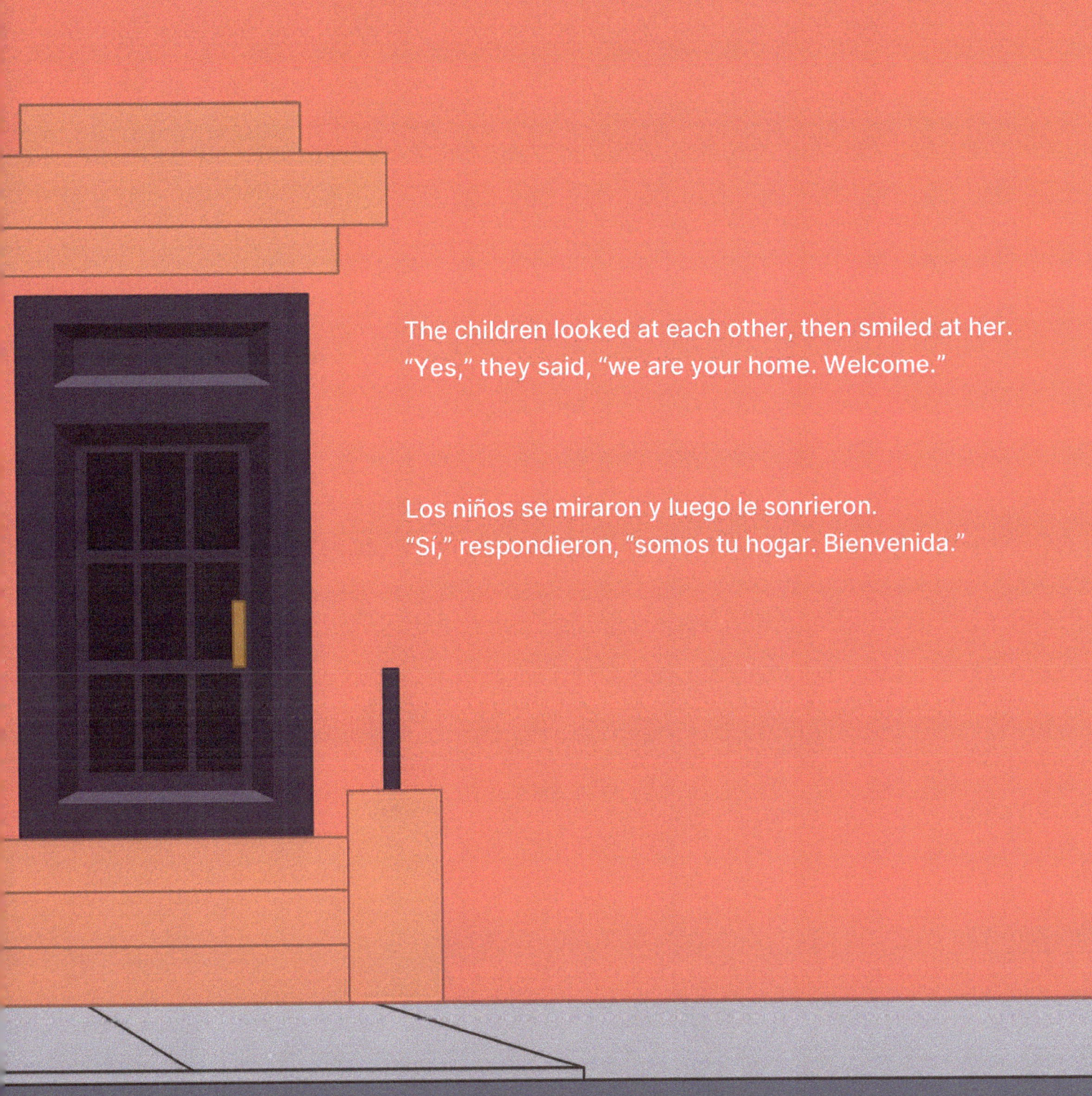

The children looked at each other, then smiled at her.
"Yes," they said, "we are your home. Welcome."

Los niños se miraron y luego le sonrieron.
"Sí," respondieron, "somos tu hogar. Bienvenida."

And in that moment, the little girl realized that home wasn't a place.

It was the people who loved and accepted her for who she was.

Y en ese momento, la niña se dio cuenta de que el hogar no era un lugar.

Fueron las personas las que la amaron y la aceptaron tal como era.

She finally understood that she was always home. Home is where the heart is.

Ella, finalmente, comprendió que siempre estuvo en su hogar. El hogar está donde está el corazón.

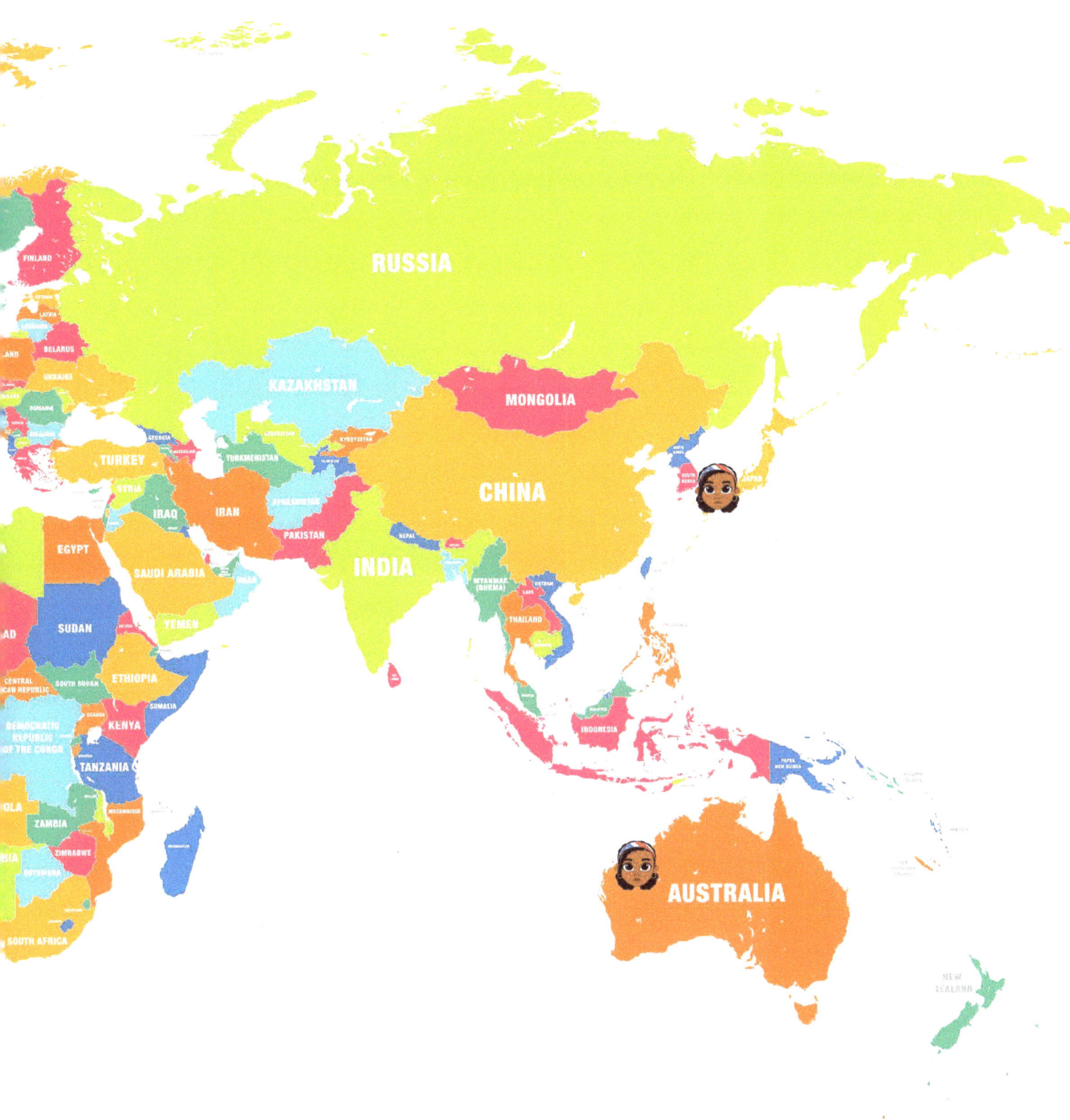

www.ingramcontent.com/pod-product-compliance
Lightning Source LLC
Chambersburg PA
CBHW041133120626

46547CB00019B/2977